MORNING TABLE

INTRODUCTION

朝ごはんを作って、写真を撮って、食べて、仕事に行く。
そんな私の毎日に、子育てが加わりました。
起きてから、まず考えるのは、娘の朝ごはん。
それから、家を出る前にしなくてはいけないあれこれのこと。
いつの間にか自分の朝ごはんは二の次になって
簡単に済ませてしまう日も増えましたが、
手も口もベタベタにして食べる娘をながめながら
シンプルなパンをかじる朝もまた、
私には幸せな時間です。

生活がらりと変わった今、
毎日の生活の一部だったワンプレートの朝ごはんは、
忙しい日々の中での息抜きとなりました。
時間の余裕のある日に、
ちょっと集中して、できるだけ理想に近づくように
お皿の上にまとめていく。
うまくいく時もあれば、うまくいかない時もあって、
「せっかく作ったのに、今日はダメだな……」と少しがっかりしていると、
横から娘が興味深くのぞいてくるので、
彼女が食べられそうなものを、ちょっと口に入れてあげると
嬉しそうににっこり。
そんな様子を見て、私も元気になって、
一緒に朝ごはんを作れる日がくるのが楽しみになります。

私の朝ごはんは、日常の中の、小さな幸せの一コマ。
これからもこんな朝が続きますように。

小さじ1=5ml、大さじ1=15ml、1カップ=200mlです。1ml=1ccです。
特に分量のないものは、味や量を見ながら好みの分量でお作りください。

CONTENTS

EGGS 卵のある朝ごはん · · · · · · · · · · · · · · · · · 7

目玉焼きのせイングリッシュマフィンと、トマトとパプリカのスープ 8 / ベーコンエッグのパンケーキと、いちごのサラダ 10 / 目玉焼きと、ベビースピナッチのサラダ 11 / デビルエッグと、ブルーベリーとマシュマロのパン 12 / ゆで卵と、ブロッコリーのホットサラダ 14 / ゆで卵のサラダと、ねぎのマリネの生ハム巻き 15 / エッグスラットと、ポップオーバー 16 / ゆで卵パンと、芽キャベツとスナップエンドウのソテー 18 / ゆで卵とほうれん草ソテーのパンと、れんこんのサラダ 19 / ゆで卵サラダのパンと、かぼちゃのポタージュ 20 / ゆで卵のイングリッシュマフィンと、ヨーグルト 煮りんご添え 21

Column 1　朝の過ごし方 · · · · · · · · · · · · · · · 22

TOMATOES トマトのある朝ごはん · · · · · · · · · · 23

ミニトマトのサラダと、ハムときのこのクリーム煮のパン 24 / ミニトマトとクリームチーズのパンと、アスパラガスのソテー 26 / ミニトマトのはちみつマリネと、フレンチトースト 28 / ミニトマトとなすのパンと、にんじんのポタージュ 30 / トマトジャムのパンと、グレープフルーツのマリネ 32 / 丸ごとトマトのバルサミコマリネと、バナナのパンケーキ 34

Column 2　パンケーキ · · · · · · · · · · · · · · · 36

POTATOES じゃがいものある朝ごはん · · · · · · · · 37

ハッセルバックポテトと、小松菜のポタージュ 38 / じゃがいもの揚げ焼きと、オレンジのパンケーキ 40 / じゃがいものミルクスープと、リンゴンベリージャムのパン 41 / スタッフドポテトと、バナナ、シナモン、はちみつのパン 42 / アンチョビとパセリのポテトクリームのパンと、キウイ 44 / じゃがいもとディルのサラダと、ブルーベリーのパンケーキ 46 / 紫芋とじゃがいものサラダと、焼きミニトマトのパン 47

Column 3　普段の買い物 · · · · · · · · · · · · · · · 48

CARROTS にんじんのある朝ごはん · · · · · · · · · · 49

蒸しにんじんと、ポーチドエッグのパン 50 / 白いにんじんのソテーと、スモークサーモンのパン 52 / にんじんのソテー ハニーマスタードソースと、ひよこ豆のポタージュ 53 / キャロットラペと、いちごとチョコレートクリームのトースト 54 / にんじん入りのポトフと、エビグラタン風パン 56 / にんじんのポタージュと、ルバーブジャムのパン 58

Column 4　お気に入りの食器 · · · · · · · · · · · · · · · 60

SEASONAL FRUITS 季節の果物 · · · · · · · · · · 61

レモンマフィンと、ヨーグルト りんごジャム添え 62 / 金柑とクリームチーズのパンと、生ハムのマリネ 64 / 桃と生ハムのパンと、アスパラガスのポタージュ 65 / ブルーベリーとレモンカード添えフレンチトースト 66

プラムのサラダと、小松菜とりんご、バナナのジュース 68 / プラムとバルサミコ酢ソースのフレンチトースト 69 / オレンジのサラダと、アスパラガスベーコンパイ 70 / 煮たいちごとカマンベールのパンと、デビルドエッグ 72 / いちごとアボカドチョコレートクリームのパン 73 / いちごのサラダと、目玉焼きのせパン 74 / いちごとバナナ添えフレンチトーストと、きゅうりのヨーグルト和え 76 / ヨーグルト 煮たいちご添えと、ミニトマトと生ハムのパン 78 / バナナ添えフレンチトーストと、おからのサラダ 79

Column 5　よく使う調理道具 ・・・・・・・・・・・・・・・・・ 80

SOUPS スープ ・・・・・・・・・・・・・・・・・・・ 81

レンズ豆のスープと、いちごジャムのパン 82 / 芽キャベツとペコロスのスープと、いちごの生ハム巻き 83 / ガスパチョと、バナナとくるみバターのパン 84 / 鮭のミルクスープと、芽キャベツとベーコンのソテー 86 / かぶ入りポトフと、ベビーリーフのサラダ 87

Column 6　ポタージュ ・・・・・・・・・・・・・・・・・・ 88

HERBS&NUTS ハーブ＆ナッツ ・・・・・・・・・・・ 89

ディルとスモークサーモンのパンと、きのこのポタージュ 90 / ローズマリーのフォカッチャと、にんじんとトマトのポタージュ 91 / イタリアンパセリを使ったサラダと、ディルを使ったサラダ 92 / ディルと鮭のホットサラダと、ハムとルバーブジャムのパン 93 / ディルとハム、ペコロスのパンと、長ねぎのポタージュ 94 / ナッツのはちみつ漬けとカマンベールのパンと、りんごとクレソンのサラダ 95 / アーモンドとカシューナッツと、あずきとバターのトースト 96 / アーモンドと、ポーチドエッグのイングリッシュマフィン 97

Column 7　グラノーラ ・・・・・・・・・・・・・・・・・・ 98

SPECIALS スペシャル ・・・・・・・・・・・・・・・ 99

マシュマロとチョコレートのパンと、ほうれん草のポタージュ 100 / ルバーブのタルトと、カリフラワーのサラダ 101 / カレリア風パイと、りんごとさつまいものスープ 102 / ガレットと、ミニトマトとベビースピナッチのサラダ 104 / ライ麦のスコーン クリームチーズと煮りんご添え 106 / りんごのケーキと、コーンスープ 108 / ルバーブのケーキと、ひよこ豆のポタージュ 109

Column 8　ケーク・サレ ・・・・・・・・・・・・・・・・ 110

JAPANESE STYLE 和食 ・・・・・・・・・・・・・・ 111

蒸しなすと、ヨーグルト あずきときなこ添え 112 / 鮭のホイル焼きと、しいたけの味噌焼き 113 / れんこんの味噌ポタージュと、さつまいものオレンジ煮 114 / コーンと生ハムのおにぎりと、アスパラガスのおひたし 115

BREAKFAST with My Daughter 親子のプレート ・・・・・・・ 116

Column 9　私のワンプレートの作り方 ・・・・・・・・・・・ 122

EGGS

卵は私の朝ごはんの中で、登場回数の特に多い食材のひとつ。シンプルな目玉焼きやゆで卵で味わったり、それをさらにアレンジしたり。メニューに加えるだけで、見た目の面でも朝ごはんらしさがアップします。

EGGS

目玉焼きのせイングリッシュマフィンと、トマトとパプリカのスープ

- 目玉焼きのせイングリッシュマフィン
- トマトとパプリカのスープ
- きゅうりとキウイのヨーグルト和え
- さつまいものローズマリー焼き
- ゆでたいんげん
- トマト
- チーズ

思っていた焼き加減に目玉焼きが出来上がり、スープとちょうどお揃いの色合いに。オレンジ色の分量が多めの日なので、重い印象にならないように、緑色の食材はヨーグルト和えにして、淡めのグリーンにしました。

目玉焼きは、卵を器に一度割り入れた後、フライパンにそっと入れます。私はいつも、一度強めの火でフライパンの温度を上げてから、蓋をして火を消し、予熱で様子を見て、足りなければ再度火をつけ、また予熱で火を通していく、を何度か繰り返します。少し目を離しているだけで、あっという間に火が通りすぎてしまうので、理想の状態で加熱をストップできるように、目玉焼きの時にはこまめに卵の状態を確認します。
この日はとろりとした黄身をイングリッシュマフィンにつけながら食べたかったので、早めに火をストップ。

じゃがいもと合わせることが多いローズマリーは、さつまいもとの相性もばっちり。ローズマリーはバラバラにして使ってももちろん良いですが、柔らかい先の方を、枝の形を残して使って、盛りつけのポイントにして。

EGGS

ベーコンエッグのパンケーキと、いちごのサラダ

・目玉焼きとベーコンのパンケーキ
・いちご、ベビースピナッチ、ラディッシュ、アスパラガスのサラダ
・じゃがいものソテー
・ヨーグルト
・ぶどう

甘いトッピングにすることの多いパンケーキに、この日は目玉焼きとベーコンを。メインにボリュームがあるので、いちごやぶどうの果物の爽やかさでさっぱり感を足しました。

目玉焼きと、ベビースピナッチのサラダ

- ドライフルーツとクリームチーズのパン
- 目玉焼き
- トマト、ベビースピナッチ、アスパラガス、クレソン、フライドオニオンのサラダ
- ヨーグルト　いちごのコンポート添え
- アーモンド

ドライフルーツなどが入ったパンがあると、シンプルな目玉焼きやサラダをささっと用意するだけで、満足感のある朝ごはんに。市販のフライドオニオンは、何かひとつ物足りない……という時に便利です。

EGGS

デビルドエッグと、ブルーベリーとマシュマロのパン

- ブルーベリーとマシュマロのパン
- デビルドエッグ
- かぶのポタージュ
- トマト、ラディッシュ、赤たまねぎ、ベビースピナッチのサラダ

焼くととろりとするマシュマロには、生のブルーベリーで甘酸っぱさをプラス。この日のように白が多いと、印象がぼやけてしまいがちなので、そんな時にはブルーベリーのような濃い色を入れて、全体をぐっと引き締めます。

【デビルドエッグ】
固ゆでにしたゆで卵を半分に切り、黄身を取り出す。
黄身と、刻んだピクルスやアンチョビ、マヨネーズ、マスタードなど好みのものを混ぜ、塩、こしょうで味を整える。
白身に詰め、ハーブやパプリカパウダーなどをトッピングする。

EGGS

ゆで卵と、ブロッコリーのホットサラダ

- デニッシュ　マーマレード添え
- にんじんのポタージュ
- ゆで卵
- ブロッコリー、グリーンピース、じゃがいものホットサラダ

スープのクリーミーなオレンジ色と、サラダの緑色の組み合わせがお気に入りの日。トマトなどで赤を入れることが多いですが、この色の良さを邪魔しないように、その他の色はシンプルにしました。マーマレードで朝らしいクリアさも足して。

ゆで卵のサラダと、ねぎのマリネの生ハム巻き

・パン2種類
・ごぼうのポタージュ
・ねぎのマリネの生ハム巻き
・ゆで卵、トマト、ベビースピナッチのサラダ
・カリフラワーのアンチョビ和え

サラダ以外が同系色の落ち着いた色でも、形や食感などの種類を多めにして、物足りない印象にならないように。スープには、ピーラーを使って細く切ったごぼうを油で軽く揚げ焼きにして、ふわっとトッピング。

EGGS

エッグスラットと、ポップオーバー

- ポップオーバー
- エッグスラット
- ミニトマト、ラディッシュ、赤たまねぎ、ベビースピナッチのサラダ
- ヨーグルト　はみちつがけ
- ウインナー
- りんご

とろりとした半熟卵とマッシュポテトを混ぜて食べるエッグスラット。トーストにつけて食べることが多いですが、この日はシンプルなポップオーバーに添えてみました。

【エッグスラット】

じゃがいもをゆで、なめらかになるまで潰したら、熱いうちにバター、牛乳、塩、こしょうを加え、味を少し濃いめに整える。
マッシュポテトを耐熱の瓶の1/2くらいまで詰め、上に卵を割り入れる。
お湯を入れた鍋に瓶を並べて蓋をし、卵が半熟になるまで、弱火で湯煎にかける。

【ポップオーバー】

ボウルに薄力粉30gと強力粉20gを合わせてふるい、砂糖ひとつまみ、塩ひとつまみを入れて混ぜる。
耐熱容器にバター5gを入れて電子レンジで溶かし、牛乳50mlと卵2個を加え、泡立て器でよく混ぜる。
粉類のボウルに液を入れ、泡立て器でだまがなくなる程度に混ぜる。
30分ほど生地を休ませる。
型に薄くバターを塗り、型の7分目まで生地を流し入れる。
200度に予熱したオーブンで15分焼き、180度に下げてさらに15分焼く。
焼いている最中に開けてしまうとうまく膨らまないので注意する。
焼き上がったら、10分ほどオーブンを開けずにそのまま置いておき、型から取り出す。

私はマフィン型を使っていますが、プリン型や耐熱の紙コップなどでも作れます。

EGGS

ゆで卵パンと、芽キャベツとスナップエンドウのソテー

- ゆで卵とほうれん草のパン
- じゃがいも、赤たまねぎ、ベーコンのホットサラダ
- ミニトマトとラディッシュのサラダ
- 芽キャベツとスナップエンドウのソテー
- ヨーグルト　りんごジャム添え

卵切り器があれば、卵の輪切りもあっという間。まるいゆで卵に合わせて、芽キャベツやミニトマトもまるい形のままカットしました。スナップエンドウは、その形と色を生かして、シンプルに盛りつけ。

ゆで卵とほうれん草ソテーのパンと、れんこんのサラダ

- ゆで卵とほうれん草、ベーコンのパン
- さつまいもとりんごのスープ
- ブロッコリー、カリフラワー、れんこん、ペコロスのサラダ
- ヨーグルト　りんごのキャラメリゼ添え

卵×ほうれん草×ベーコンは、ゆで卵の他にも、ポーチドエッグやオムレツなどの時にもよくやる、大好きな組み合わせ。この日は卵とれんこんで円形を合わせ、さらにスープにも、りんごの皮をまるくトッピング。

EGGS

ゆで卵サラダのパンと、かぼちゃのポタージュ

- ゆで卵、ミニトマト、ピーマン、赤たまねぎ、ベビースピナッチのパン
- かぼちゃのポタージュ
- アスパラガスのベーコン巻き
- ゆでブロッコリー
- ヨーグルト　はみちつがけ

いつもは別に盛りつけるサラダも、この日はパンにのせてボリュームたっぷりに。ぼろぼろと落ちてしまいそうになるオープンサンドも、家だったら気兼ねなく、大きな口をあけてかぶりつけます。

ゆで卵のイングリッシュマフィンと、ヨーグルト煮りんご添え

・ゆで卵とチーズのイングリッシュマフィン
・アスパラガスとじゃがいものポタージュ
・ヤングコーン、ミニトマト、生ハム、ベビースピナッチ、サニーレタスのサラダ
・ヨーグルト　煮りんご添え

かりっと焼いたイングリッシュマフィンに、とろりとしたチーズ。食べた時の食感も、メニューを考える時に大事なポイントです。スープとパンが淡い色、サラダがはっきりとした色合いなので、ヨーグルトに添えた煮りんごの色がつなぎ役。

Column 1
朝の過ごし方

以前は自分のペースで過ごせていた朝が、子どもが生まれてから一変しました。何をするにも彼女次第。しっかりとした朝ごはんを作ろうと思っても、少し眠いだけで「抱っこー！」となってしまうので、片手で抱っこしながら、彼女のごはんを用意するだけで精一杯。自分はトーストとコーヒーと、彼女の食べ残しだけ……なんて日もあります。
朝ごはんは大事、朝ごはんが大好き、とずっと言ってきた私なので、「それはストレスたまるんじゃない？」と聞かれることも多いのですが、不思議なことに、朝ごはんがトースト1枚でも気持ちの面では平気。「きちんと朝ごはんを作って食べる」以上に、彼女がにこにこしながら食べている様子を見ていることが楽しいからかもしれません。
余裕のある時には、自分の朝ごはんもきっちり作って、しっかり食べる。時間がなければ無理はせず、自分のごはんは簡単に済ませ、その分、娘とゆっくり向き合う時間を持つ。それが今の私にとってちょうどいい朝の過ごし方になっています。

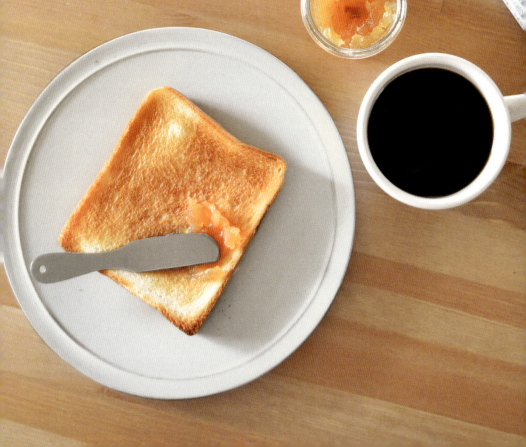

TOMATOES

鮮やかな赤がワンプレートの盛りつけでポイントになるトマト。生でサラダに、煮てジャムに、チーズやベーコンなど相性の良い食材も多く、我が家ではいつも冷蔵庫にある野菜のひとつです。

TOMATOES

ミニトマトのサラダと、ハムときのこのクリーム煮のパン

- ハムときのこのクリーム煮のパン
- ほうれん草とじゃがいものポタージュ
- ミニトマトと赤たまねぎのサラダ
- じゃがいも、赤たまねぎ、ケッパーのサラダ
- ヨーグルト　煮りんごのせ
- シナモンアーモンド

　　　　　　　　メインがとろりとしたクリーム煮なので、トマトのサラダでさっぱり感
　　　　　　　　を。スープが濃い緑色の場合は、他のメニューでは緑色は押さえ気味に、
　　　　　　　　白を多めに取り入れると、全体が軽い印象にまとまります。

普段は赤いミニトマトを買っていますが、近くのスーパーでは他の色をミックスして好みの量で買えるので、時々試してみることも。サラダなどにいくつか混ぜて、見た目のカラフルさだけでなく、味や食感の違いも楽しみます。

きのこのような小さいものは、クリーム煮などにするとオープンサンドにしやすくなります。塩気のあるハムをプラスして、味を引き締めて。

TOMATOES

ミニトマトとクリームチーズのパンと、アスパラガスのソテー

・ミニトマト、クリームチーズ、バジルのパン
・アスパラガスのソテー
・ゆで卵とベビーリーフのサラダ
・凍らせた巨峰
・ヨーグルト

赤、緑、白でシンプルな色合いの時には、濃いめの色をひとつ加えるだけで引き締まります。この日は巨峰の色がポイント。冷凍すると、皮も剥きやすくなり、生とはまた違う、シャリシャリとした食感になります。

アスパラガスはその形を生かして、長いままソテー。筋が気になりそうな時は、根元の皮をピーラーでむきます。細長い形は、ワンプレートの中で良いアクセントに。先にお皿にのせて、バランスを見ながら他の料理も盛りつけていきます。野菜は焼いたり蒸したりして、塩とこしょうだけでシンプルに食べるのも大好き。

そのままでもおいしいトマトですが、焼くとうまみがアップし、コクが出ます。半分に切って、さっと焼いて、相性の良いバジルやクリームチーズと合わせるだけで、お酒のおつまみにもしたくなる一品に。

TOMATOES

ミニトマトのはちみつマリネと、フレンチトースト

- フレンチトースト
- 焼きたまねぎ、ズッキーニ、アスパラガス、ベビーリーフのサラダ
- ミニトマトのはちみつマリネ
- ヨーグルト　ルバーブジャム添え

ミニトマトはコンパクトに盛って、サラダやジャムの色をひかえめにして、シンプルなフレンチトーストが目立つように、すっきりと。アイスクリームが溶けてくることも考えて、余裕を持たせて盛りつけました。

【ミニトマトのはちみつマリネ】
ミニトマトを湯むきする。
はちみつ、酢、オリーブオイルを混ぜ、トマトを加える。
冷蔵庫で2時間以上冷やし、味をなじませる。

ミニトマトは、ヘタの反対側に少しだけ十字の切り込みを入れるか、爪楊枝で穴をあけます。沸騰したお湯に10〜20秒ほど入れると皮に割れ目が入ってくるので、冷水に取り、皮をむきます。

シンプルなフレンチトーストにする時には、私はほんのり甘みのあるパンで作ることが好きです。普通の食パンより厚みがあるので、長めに液に浸して、焦げないように弱火でじっくり焼いていきます。トッピングは、メープルシロップとバニラアイス。

TOMATOES

ミニトマトとなすのパンと、にんじんのポタージュ

・ミニトマト、なす、チーズのパン
・にんじんのポタージュ
・ゆで卵、赤たまねぎ、ブロッコリーのサラダ
・枝豆のクリームチーズ和え

いろんな野菜が手に入る季節は、ワンプレートも自然とカラフルに。パンの上に並べた、なすは一度フライパンで焼いてから。ミニトマトと一緒に並べたら、チーズをのせてトースターで焼きます。チーズはもっとたっぷりでもいいくらい！

TOMATOES

トマトジャムのパンと、グレープフルーツのマリネ

- トマトジャムとクリームチーズのパン
- きのこのポタージュ
- ゆで卵、赤たまねぎ、ベビースピナッチのサラダ
- グレープフルーツ、生ハム、ミニアスパラガスのマリネ

ミニトマトをたくさん買ったときには、甘いジャムも作ります。パンにのせるほか、無糖のヨーグルトにもぴったり。きのこのポタージュのようにスープの色が落ち着いているときには、他の料理で意識的に色を取り入れて。

【トマトジャム】

ミニトマトを湯むきする。

普通のトマトの場合は湯むきをし、ざく切りにする。

トマトの重量の30％くらいの砂糖とレモン汁（トマト200gくらいで小さじ1ほど）を加え、30分ほど置く。

火にかけ、焦げないように混ぜながらとろりとするまで煮る。途中アクが出てきたら取り除く。

私は早めに食べきれるように、少量で砂糖も少なめで作ります。長く保存したい場合は、砂糖をトマトの重量の40％以上にし、煮沸消毒したきれいな瓶に入れてください。

生ハムと、レモンやグレープフルーツで作るマリネは、さっぱりとしていて朝ごはんにもぴったり。かぶなどの野菜、ディルやミントなどのハーブを加えたりして、意外にアレンジしやすい料理のひとつ。

TOMATOES

丸ごとトマトのバルサミコマリネと、バナナのパンケーキ

- バナナとチョコレートソースのパンケーキ
- 丸ごとトマトのバルサミコマリネ
- アスパラガスとさつまいものソテー
- ゆで卵とベビースピナッチのサラダ

丸ごとのトマトに、輪切りしたゆで卵、さつまいも、バナナにパンケーキ。まるい形で揃えたところに、細長いアスパラガスでポイントを。形からメニューを決めるときでも、栄養のバランスも片寄りすぎないように気をつけています。

小さめのトマトやミディトマトは、丸ごとマリネにすると、また違ったインパクトのある存在に。ミニトマトやカットしたトマトでも作れます。

【丸ごとトマトのバルサミコマリネ】
トマトを湯むきし、ヘタを取る。
バルサミコ酢、オリーブオイル、はちみつ、塩を混ぜ、トマトを入れる。
トマトを丸ごとマリネにするときには、マリネ液に全体が浸からないので、
時々トマトを返しながら、冷蔵庫で30分以上冷やす。

パンケーキにバナナとチョコレート、たまには、こんな甘い朝ごはんが食べたくなります。パンケーキがあまりおいしく焼けなかったかも……という時でも、バナナとチョコレートをトッピングすればOK。

Column 2
パンケーキ

まとめて焼いて冷凍庫に入れておくと、慌ただしい朝に「助かった！」と思うのがパンケーキ。薄力粉、ベーキングパウダー……と計って作ることもありますが、最近はミックス粉を使用することも増えました。
朝ごはんにはもちろん、家で急に思いっきり甘いものが食べたくなった時、果物をのせて、メープルシロップやはちみつ、チョコレートソースなどをたっぷりとかけるだけで大満足。バターとメープルシロップだけでシンプルにしたり、ベーコンなどのしょっぱいものを合わせてみたり、バリエーションの多さも魅力です。

POTATOES

日持ちがするじゃがいもは、一年中台所にストックしてある食材。焼いたり揚げたり、ゆでたり蒸したりと、調理の幅が広いほか、朝ごはんではポタージュに使うことも多く、欠かせない野菜です。

POTATOES

ハッセルバックポテトと、小松菜のポタージュ

- ゆで卵とほうれん草のパン
- 小松菜のポタージュ
- ハッセルバックポテト
- ミニトマトとブロッコリーのサラダ
- ヨーグルト　トマトジャムのせ

目を引く形のハッセルバックポテトは、切るだけであとはオーブンまかせ。
焼いている間に、他の料理をささっと作れます。スープの小松菜は、柔らか
い葉の部分は子どもの離乳食に使い、残りを自分のポタージュにしました。

【ハッセルバックポテト】

じゃがいもを皮付きのままよく洗う。
下を少し残し、できるだけ薄く切り込みをいれていく。
じゃがいもを割り箸などで挟むと切りやすい。
切り口をよく洗う。
オーブンシートを敷いた天板にのせ、オリーブオイル、塩こしょうをふる。
220度に予熱したオーブンで40分焼く。

切り口にチーズやベーコンなどをはさんでアレンジしてもおいしい。

POTATOES

じゃがいもの揚げ焼きと、オレンジのパンケーキ

- オレンジと水切りヨーグルト添えパンケーキ
- 長ねぎのポタージュ
- じゃがいもの揚げ焼き　ローズマリー風味
- ミニトマト、ゆで卵、赤たまねぎ、ベビースピナッチのサラダ

じゃがいもにはローズマリーを合わせるのが好き。多めの油にローズマリーの香りをうつして、じゃがいもを揚げ焼きします。パンケーキには、生クリームではなく水切りヨーグルトとオレンジでさっぱりと。

じゃがいものミルクスープと、リンゴンベリージャムのパン

・カマンベールとリンゴンベリージャムのパン
・じゃがいも、プチヴェール、ベーコンのミルクスープ
・ゆで卵とベビーリーフのサラダ
・芋羊羹

時間に余裕がある日には、じゃがいもを丸ごとゆっくりゆでてスープに。スープのボリュームがあるので、主食のパンはひかえめにしました。リンゴンベリージャムは、買い物に出かけたときに見かけて、思わず手にとったもの。

POTATOES

スタッフドポテトと、バナナ、シナモン、はちみつのパン

・バナナ、シナモン、はちみつのパン
・黄色のズッキーニのポタージュ
・スタッフドポテト
・ミニトマト、ゆで卵、ベビースピナッチのサラダ
・カマンベールチーズ　桑の実ジャム添え

シンプルな料理が多い私の朝ごはんの中で、スタッフドポテトはどちらかというと手をかけている方。なのでメインのパンは、バナナ、シナモン、はちみつで、手間も時間もかけずに終わり。桑の実ジャムは、母の手作り。

【スタッフドポテト】
じゃがいもを皮ごとよく洗い、楊枝がすっと刺さるまでゆでる。
半分に切り、中をスプーンでくり抜く。
くり抜いた部分のじゃがいもに、牛乳、マヨネーズ、ハム、ベーコンなどを加えて混ぜる。
じゃがいものカップに詰め、チーズをのせて、トースターでチーズが溶けるまで焼く。

この日のスタッフドポテトは、かりかりベーコン。
もう少し大きめのじゃがいもを使って、にんじんやブロッコリーなどの野菜を加えると、彩りもきれい。

POTATOES

アンチョビとパセリのポテトクリームのパンと、キウイ

・アンチョビとパセリのポテトクリームのパン
・ミニトマト、アスパラガス、なす、ベビースピナッチのサラダ
・ゆで卵
・キウイ

淡い色合いのポテトクリームとパンだからか、盛りつけ途中に、何か足りない印象になりそうな予感。味の面でも、何かさっぱりしたものが欲しい。この日のプレートでは、実はキウイが大事なポイントです。

【ポテトクリーム】
じゃがいもを柔らかくなるまでゆで、熱いうちに潰したら、バター、牛乳、塩、こしょうを加え、なめらかになるまで混ぜる。ツナやアボカドなど、好みの具材を混ぜたり、ミートソースやドライカレー、チリコンカンをのせても。

POTATOES

じゃがいもとディルのサラダと、ブルーベリーのパンケーキ

・ブルーベリー、水切りヨーグルト、はちみつ添えパンケーキ
・ほうれん草のポタージュ
・ゆで卵、じゃがいも、ディルのサラダ
・ミニトマトとクリームチーズのサラダ

赤、黄色、緑と、料理ごとに色がきれいに分かれているときは、白や黒に近い濃い色をしっかり入れると、全体のまとまりがでてきます。この日は、パンケーキに添えたヨーグルトの白とブルーベリーの色がその役割。

紫芋とじゃがいものサラダと、焼きミニトマトのパン

- 焼きミニトマトとクリームチーズのパン
- 紫芋、じゃがいも、ベーコン、たまねぎのサラダ
- ゆで卵とベビーリーフのサラダ
- ヨーグルト　いちごジャム添え

白いスープを作ろうと思ってじゃがいもを切ったら、紫芋だったことが判明。
切る時に何かちょっと違うとは思っていたけれど……。色の予定がくるって
しまったので、急遽メニューを変更、紫色が映えそうな料理の組み合わせに。

Column 3

普段の買い物

小さい子どもがいると、なかなか遠いところまでは買い物に行けないので、買い物は基本的に、どこにでもあるような近所の普通のスーパー。何か特別な食材は滅多に使いません。
時々行く近所のファーマーズマーケットでは、スーパーではあまり見かけない野菜が手に入ることも。特に葉つきのにんじんがあると、思わず手に取ってしまいます。スーパーの商品に比べると、大きさや形にかなりばらつきはあるものの、地元の野菜が安く買えることが多く、並ぶ野菜や果物を見ているだけでも季節を感じられるので、近くを通りかかった時にはのぞいてみます。

CARROTS

加熱すると甘くなるにんじんは、子どもの
ごはんにもよく使うため、我が家の必需品。
調理をしてもきれいなオレンジ色のままな
ので、ワンプレートの中でアクセントの色
としても使います。

CARROTS

蒸しにんじんと、ポーチドエッグのパン

- ・ほうれん草とベーコン、ポーチドエッグのパン
- ・蒸しにんじんとアスパラガス
- ・ミニトマト、クリームチーズ、コーン、ベビースピナッチのサラダ
- ・レーズン入りキャロットラペ
- ・ヨーグルト　いちご添え

たくさんの色が入って、にぎやかな印象のワンプレートになった日。細かい食材が多いので、アスパラとにんじんはそのままの形にしました。濃い緑色が多いから、明るい色合いのヨーグルトにしたのも大正解。

小さめのにんじんを、切らずにそのままじっくりと蒸して。私は何もつけずに、そのままでにんじんの甘さを味わいますが、塩を少しだけぱらっとふってもおいしいです。

見た目はあまりきれいにできなかったポーチドエッグも、中の黄身はとろとろ。ソースとして、ほうれん草やパンにからめながらいただきます。

CARROTS

白いにんじんのソテーと、スモークサーモンのパン

- スモークサーモンとクリームチーズのパン
- 白いにんじんのソテー
- ゆで卵、ミニトマト、ベビースピナッチのサラダ
- ヨーグルト　梨のコンポート添え
- アーモンド

ファーマーズマーケットで見つけた細長い白いにんじんは、細かく切るのは惜しく、長いままソテー。サーモンのオレンジ色との組み合わせが気に入っています。梨のコンポートは、レンジで作る簡単なもの。

にんじんのソテー ハニーマスタードソースと、ひよこ豆のポタージュ

- ポップオーバー
- ひよこ豆のポタージュ
- 芽キャベツ、カリフラワー、ラディッシュ、ディル、アーモンドのサラダ
- にんじんのソテー ハニーマスタードソース
- ゆで卵

こちらもファーマーズマーケットで見つけた、小さいにんじん。優しい味わいのひよこ豆のポタージュの日なので、はっきりとした濃いめの味が欲しくなり、にんじんにはハニーマスタードソースをかけました。

CARROTS

キャロットラペと、いちごとチョコレートクリームのトースト

- いちごとチョコレートクリームのトースト
- ブロッコリー　タルタルソースがけ
- キャロットラペ
- ゆで卵、キャベツ、ハムのサラダ
- ヨーグルト　マーマレード添え

いちごとチョコレートでしっかり甘いパン、ゆで卵のサラダにブロッコリー。何かもうひとつ、さっぱりと軽い感じの料理が欲しくなったので、作りおきしてあったキャロットラペを追加。

【キャロットラペ】
にんじんをできるだけ細く千切りにする。
オリーブオイル、白ワインビネガー、砂糖、塩を混ぜ、にんじんを加え、よく混ぜる。
冷蔵庫で半日以上休ませる。

私は、にんじんがしんなりとしてドレッシングの味がなじんだものが好きなので、目の細かいチーズおろし器で、細く仕上げます。ハーブやレーズンなどでアレンジしながら作りおきして、忙しい朝に食べたり、お弁当の隙間にも詰めたりします。

生のキャベツでコールスローもおいしいけれど、加熱して甘さが増したキャベツで作るサラダも好き。キャベツの薄い緑色は、重い印象になりそうな時に軽さをプラスしてくれます。

CARROTS

にんじん入りのポトフと、エビグラタン風パン

- エビグラタン風パン
- にんじん、キャベツ、たまねぎのポトフ
- アスパラガスとゆで卵のサラダ
- グレープフルーツ

夕飯の残りのポトフに、キャベツを追加して朝ごはんに。エビグラタン風パンは、たまねぎやエビなどをクリームで煮て、パンにのせてチーズをかけ、トースターで焼きました。寒い季節に食べたくなるメニュー。

野菜をざくざく切って鍋に入れ、コンソメを入れてコトコト煮るだけで、野菜がたっぷり食べられるポトフに。厚切りのベーコンやウインナーを入れると、さらにうまみが加わっておいしくなります。

CARROTS

にんじんのポタージュと、ルバーブジャムのパン

- ルバーブジャムとクリームチーズのパン
- にんじんのポタージュ
- ゆで卵、ミニトマト、ラディッシュ、ブロッコリーのサラダ
- きゅうりとキウイのヨーグルト和え

にんじんの優しいオレンジ色、ルバーブの落ち着いた赤、きゅうりとキウイはヨーグルトでほんのり緑色に。ニュアンスのある色合いの料理が集まって、柔らかい印象のプレートになりました。

にんじんのポタージュは、にんじんの甘さがおいしいので、私はコンソメをかなりひかえめにします。最初に炒める時には、バターがおすすめ。

ルバーブは、私の実家がある長野では手に入りやすく、毎年季節になると、母が他の野菜などと一緒に送ってくれます。酸味がある野菜なので、甘酸っぱいジャムが出来上がります。

Column 4
お気に入りの食器

朝ごはんにいつも使っているプレートは、Rimoutの「ノワゼット」の22.5cm。ひとまわり小さいものを娘用にして、お揃いで使うことも。真っ白ではなく、ムラのある淡いグレーが気に入っています。スープでよく使うガラスのカップは無印、ヨーグルトに使っている器はクラフトフェアで見つけました。コーヒーを飲む時のカップやドリッパーなどは、もうどこで買ったか忘れてしまいましたが、10年以上使っています。時々使う磁器の白い小皿は、沖縄のdeccoさんの作品。
朝ごはん以外では、iittalaのTeemaの15cmのボウルが大活躍。夜は食器としてほぼ毎日のように使っていますが、ちょっと混ぜたり和えたりする時にも便利なサイズです。おやつに一番使うのは、障害者福祉施設の方が作った、四角いプレート。手作りならではの温かみがあります。
こうして見ると、我が家は白とグレーの食器ばかり。

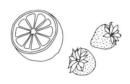

SEASONAL FRUITS

子どもの頃から、母は必ず朝ごはんに果物を用意してくれました。野菜以上に季節が感じられるし、娘も大好きなので、毎日とはいかなくても、私もできるだけ朝ごはんに取り入れるようにしています。

SEASONAL FRUITS

レモンマフィンと、ヨーグルト りんごジャム添え

- レモンマフィン
- ゆで卵、ミニトマト、ベビースピナッチのサラダ
- アスパラガス、ツナ、カマンベールチーズ、新たまねぎのサラダ
- ヨーグルト りんごジャム添え

母が持って来てくれた国産のレモンで、レモンマフィン。ひとくち食べるごとに、レモンの香りがふわっとしてきます。レモンに合わせて、白を多めのメニューにし、爽やかな色合いでまとめて。

りんごの季節には、たっぷりジャムを作っておきます。
黄色い方は皮なしで、赤みのある方は、皮と一緒に煮て
色をつけています。

【レモンマフィン】

バター50gをボウルに入れ、クリーム状になるまで泡立て器で練る。
砂糖60gを加えて混ぜる。
レモン汁1個分と、国産レモンの場合は皮の黄色い部分もすりおろして加え、混ぜる。
溶き卵1個分を2,3回に分けて加え、その都度よく混ぜる。
薄力粉120gとベーキングパウダー小さじ1を合わせてふるっておく。
粉1/3、牛乳25ml、粉1/3、牛乳25ml、粉の残り、と交互にボウルに入れ、切るように混ぜる。
180度に熱したオーブンで25分ほど焼く。

SEASONAL FRUITS

金柑とクリームチーズのパンと、生ハムのマリネ

- 金柑とクリームチーズのパン
- キャベツのポタージュ
- うずらのゆで卵、ミニトマト、ベビースピナッチのサラダ
- かぶ、生ハム、赤たまねぎ、ディルのマリネ
- アスパラガスのソテー

生で皮ごと食べられる金柑。クリームチーズと合わせてパンにのせたり、サラダにしたりして生で楽しんだら、残りは甘露煮にします。金柑の輪切りに合わせ、うずらのゆで卵やミニトマトも輪切りに。

桃と生ハムのパンと、アスパラガスのポタージュ

・桃、生ハム、クリームチーズのパン
・アスパラガスのポタージュ
・ミニトマト、ラディッシュ、ベビーリーフのサラダ
・デビルドエッグ
・くるみ

桃と生ハム、クリームチーズは、お酒のおつまみにもなりそうな、相性の良い組み合わせ。パンやクラッカーにのせるほか、サラダにしても。スープの緑色との色合いもきれい。

SEASONAL FRUITS

ブルーベリーとレモンカード添えフレンチトースト

- ブルーベリーとレモンカード添えフレンチトースト
- ズッキーニとカマンベールチーズのサラダ
- 生ハム、かぶ、レモン、ディルのマリネ
- ヨーグルト　ルバーブジャム添え
- くるみ、アーモンド

赤や緑を使ったカラフルなワンプレートが多いですが、たまには淡い色や落ち着いた色でシックにまとめることも。ぼんやりとしてしまいそうなところを、ブルーベリーの色で引き締めて。

【レモンカード】
レモン1個分のレモン汁、バター50g、砂糖50g、溶き卵1個分をボウルに入れる。
無農薬レモンの場合は、皮の黄色い部分もすりおろして加える。
鍋に湯を沸かし、ボウルを湯煎にかけて、とろりとするまで混ぜながら温める。

SEASONAL FRUITS

プラムのサラダと、小松菜とりんご、バナナのジュース

・卵サラダのパン
・小松菜、りんご、バナナ、牛乳のジュース
・プラム、ミニトマト、ラディッシュ、ベビーリーフのサラダ
・ヨーグルト　ルバーブジャム添え

果物をサラダに使うことが好きなので、この日はプラムをサラダにしました。ジュースはひどい色になってしまったけれど、見た目とは裏腹に、味はりんごが多めで、爽やかな感じ。

プラムとバルサミコ酢ソースのフレンチトースト

- プラムとバルサミコ酢のソースとバナナ添えフレンチトースト
- かぶのポタージュ
- ミニトマト、ラディッシュ、ひよこ豆、ベビーリーフのサラダ
- きゅうりのディルサラダ

作ってあったプラムジャムに、少しバルサミコ酢を加えて、フレンチトーストのソースに。普段よりボリュームのあるフレンチトーストも、ソースの酸味とバナナの甘みでぺろっと食べてしまいます。

SEASONAL FRUITS

オレンジのサラダと、アスパラガスベーコンパイ

- アスパラガスベーコンパイ
- じゃがいものポタージュ
- オレンジ、赤たまねぎ、くるみ、ベビースピナッチのサラダ
- ペコロスのソテー
- ドライいちじく

簡単なのに、手間がかかっているように見えるアスパラガスベーコンパイは、主人もお気に入り。主食の量としては軽めなので、スープはぼってりとしたじゃがいものポタージュにしました。

さっぱりとしたオレンジのサラダは、この日のように、濃いめの味のメインに合わせるとぴったり。
オレンジがある日には、鮮やかな赤も入ると自分の好みよりも派手になりすぎてしまうことがあるので、色に関しては少し気をつけてメニューを考えるようにしています。

【アスパラガスベーコンパイ】
アスパラガスは根元の固い部分を切り落とし、サッと下ゆでする。
パイシートを細長く切る。
アスパラガス、ベーコン、パイシートの順に巻く。
天板に並べ、溶き卵を塗り、塩、こしょうをふる。
200度のオーブンで15分焼く。

余ったパイシートも、天板のあいているところに並べ、塩、こしょうや粉チーズなどをふって、一緒に焼きます。焼き上がると、ついついつまんでしまい、すぐに食べ終わってしまいます。

SEASONAL FRUITS

煮たいちごとカマンベールのパンと、デビルドエッグ

- 煮たいちごとカマンベールチーズのパン
- 芽キャベツ、コーン、ベーコンのミルクスープ
- ミニトマト、赤たまねぎ、ブロッコリー、ベビーリーフのサラダ
- デビルドエッグ

いちごは傷みやすいので、なかなか1パックを生のまま全部食べ切れないことがほとんど。いつも残りは砂糖をまぶし、形が残る程度に煮ておきます。いちごで赤は入るし、スープやデビルドエッグに合わせて、ミニトマトも黄色と緑色で。

いちごとアボカドチョコレートクリームのパン

- アボカドチョコレートクリームといちごのパン
- じゃがいものポタージュ
- ゆで卵、ミニトマト、スナップエンドウ、赤たまねぎ、ベビーリーフのサラダ
- ヨーグルト　煮たいちご添え

生のいちごと煮たいちご、両方を味わえるちょっと嬉しいプレートの日。
チョコレートクリームは、よく熟れたアボカドにココアパウダーやはち
みつなどを加えてクリーム状になめらかにしたもの。

SEASONAL FRUITS

いちごのサラダと、目玉焼きのせパン

- 目玉焼きのせパン
- いちご、カマンベールチーズ、くるみ、ベビースピナッチのサラダ
- かぼちゃのソテー
- ジャーマンポテト
- ヨーグルト　マーマレード添え

この日は、いちごの赤とマーマレードの黄、果物の鮮やかな色がポイントに。まるい形のパンにのせたかったので、目玉焼きもリングを使ってまんまるに。

いちごをサラダにする時に、ぜひ入れたいのがカマンベールチーズ。いちごの甘酸っぱさとカマンベールの塩気がぴったりです。くるみも加えて、かりかりとした食感もプラス。ドレッシングは、バルサミコ酢を使ったものがおすすめです。

SEASONAL FRUITS

いちごとバナナ添えフレンチトーストと、きゅうりのヨーグルト和え

・いちごとバナナ添えフレンチトースト
・大根のポタージュ
・きゅうりとキウイのヨーグルト和え
・菜の花、コーン、ベーコンのソテー
・くるみ

いちごの赤と、ヨーグルト和えの淡い緑。プレートに盛ってみたら、とても好きな色の組み合わせで、新しい発見。こうなるかな、と毎回頭の中で思い描きながら作っているものの、全然うまくいかなかったり、反対に予想以上に良いものができたり。

フレンチトーストはいつも甘さ控えめに作って、メープルシロップやはちみつ、果物などのトッピングなどで調整します。いちご×バナナは、ちょっと贅沢な気持ちになれるペア。フレンチトーストにパンケーキ、グラノーラなどに添えて。

きゅうりとキウイのヨーグルト和えは、きゅうりのしゃきしゃきとキウイの酸味が朝ごはんにぴったり。ディルをミントにしてもおいしいです。

SEASONAL FRUITS

ヨーグルト 煮たいちご添えと、ミニトマトと生ハムのパン

- ミニトマト、生ハム、クリームチーズのパン
- じゃがいものポタージュ
- ゆで卵、キャベツ、ディルのサラダ
- ゆでブロッコリー
- ヨーグルト　煮たいちご添え

生ハム＆クリームチーズかヨーグルト、どちらにいちごを添えるのか、朝ごはんを作り始めても迷いました。緑色の分量が少なめだったので、いちごとトマト、両方で赤を取り入れて正解。

バナナ添えフレンチトーストと、おからのサラダ

- バナナ添えフレンチトースト
- ごぼうのポタージュ
- おから、ひよこ豆、ブロッコリー、赤たまねぎのサラダ
- おくらのマヨネーズ焼き
- かぶのソテー
- ヨーグルト　桃ジャム添え

一年中買えるバナナは、季節はあまり感じないけれど、家族みんなが好きだから、欠かさずに置いてあります。プレートの中でポイントになっている淡いピンクの桃ジャムは頂き物。

Column 5
よく使う調理道具

道具について一番よく聞かれるのは、ポタージュ作りの道具。私はBraunのマルチクイックを使っています。鍋に入れたまま使えるので、とても便利。これを買ってから、ポタージュをよく作るようになりました。
WECKの瓶も欠かせません。小さい瓶にはジャムなどを、大きめの瓶は、グラノーラを作った時に使います。
ル・クルーゼの鍋や、GLOBALの包丁など、台所用品はプレゼントでもらうことも多く、そしていただいたものは使い勝手が良いものがほとんどで、毎日大活躍しています。

SOUPS

小さめのカップで添える程度のことが多いスープも、時々ボリュームたっぷりのメインに。私が作るのは、具材を切って、煮たりミキサーにかけたりするだけの簡単なものばかりなので、手間のかからない便利なメニューで、朝ごはんにぴったりです。

SOUPS

レンズ豆のスープと、いちごジャムのパン

- いちごジャムのパン
- レンズ豆のスープ
- ゆで卵、ラディッシュ、ベビースピナッチのサラダ
- ハム

レンズ豆は、他の乾燥豆と違って長時間水に浸けておく必要がないので、作ろうと思ったらすぐに使えるのが魅力。トマト、たまねぎ、にんじん、ブロッコリーなど、野菜をたっぷりと入れて。

芽キャベツとペコロスのスープと、いちごの生ハム巻き

- パン
- 芽キャベツ、ペコロス、ベーコンのミルクスープ
- デビルドエッグ
- ミニトマトとカマンベールチーズ
- いちごの生ハム巻き　バルサミコソースがけ

ペコロスと芽キャベツ、同じ大きさで揃っていると、ついコロコロと
そのままの形で調理したくなります。ミニトマトといちご、卵まで、
丸い形を意識して盛り付け。

SOUPS

ガスパチョと、バナナとくるみバターのパン

- バナナとくるみバターのパン
- ガスパチョ
- ゆで卵とブロッコリーのサラダ
- ヨーグルト　はちみつがけ

「飲むサラダ」と呼ばれるガスパチョは、火を使わずに作れるので、夏の朝におすすめ。これだけで野菜がたくさん取れるので、その他のメニューはシンプルに。頂き物のくるみバターは、バナナとの相性ばっちり。

野菜をざくざく切って全部の材料をミキサーにかけ、冷蔵庫で冷やすだけ。朝ごはんに食べる時には、にんにくは使わずに作ります。

SOUPS

鮭のミルクスープと、芽キャベツとベーコンのソテー

- パン
- 鮭のミルクスープ
- 芽キャベツとベーコンのソテー
- ゆで卵
- いちご

鮭のうまみがじんわりとおいしい、寒い季節に食べたくなる優しい味のスープ。キャベツやアスパラガスなど緑の野菜を入れてもきれい。こんなスープの日には、シンプルなパンがおすすめです。

かぶ入りポトフと、ベビーリーフのサラダ

・パン
・かぶ、にんじん、ソーセージのポトフ
・ゆで卵、トマト、ベビーリーフのサラダ
・りんご

ポトフの野菜は、ごろごろと大きめで作るのが好きなので、盛りつけに困らない
程度に大きく切って、コトコト煮ます。とろとろに甘く柔らかくなったかぶは、
朝起きたばかりでも食べやすいので、朝ごはんのポトフにぴったり。

Column 6
ポタージュ

朝ごはんのメニューを考える時、まずは最初に決めるのがポタージュ。野菜をたっぷり使えるので、冷蔵庫をのぞいて、早めに使ってしまいたい野菜を選びます。それからそのポタージュの色に合わせて、他は何の料理にするかを考えていきます。

食材にもよりますが、鍋に油を熱し、切った野菜を炒め、水と顆粒スープを加え、煮ていきます。野菜が柔らかくなったら火を止め、ブレンダーでなめらかになるまで混ぜて、牛乳を加えます。もう一度火にかけ、塩、こしょうで味を整えて、できあがり。

とろみをつけたいときには、じゃがいもやごはんを加えることもあります。

HERBS & NUTS

味や香りをプラスするだけでなく、ワンプレートのバランスを取ったり、彩りを添えるのによく使うのが、ハーブとナッツ。何かちょっと物足りないな、という時にほんの少し添えるだけで、印象ががらりと変わります。

HERBS & NUTS

ディルとスモークサーモンのパンと、きのこのポタージュ

- スモークサーモンとクリームチーズとディルのパン
- きのこのポタージュ
- ゆで卵、ベーコン、ベビースピナッチのサラダ
- ヨーグルト　リンゴンベリージャム添え

スモークサーモンを買ったときには、ディルも一緒に必ず買いたくなります。ヨーグルトにはリンゴンベリージャムを添えて、ちょっとだけ北欧気分を味わいながらの朝ごはん。

ローズマリーのフォカッチャと、にんじんとトマトのポタージュ

- ローズマリーのフォカッチャ
- にんじんとトマトのポタージュ
- ゆで卵、キャベツ、ラディッシュ、グリーンピースのサラダ
- ヨーグルト　ルバーブジャム添え

家のローズマリーが大きく育っているので、それを使って作ったフォカッチャ。
ポタージュは、トマトを多めに入れて、とろみをつけるためにじゃがいもを加え、
ぼってりと濃くしたら、フォカッチャとの相性ぴったりになりました。

HERBS & NUTS

イタリアンパセリを使ったサラダと、ディルを使ったサラダ

・アップルパイ
・ひよこ豆のポタージュ
・かぼちゃとレーズンのサラダ
・ミニトマト、クリームチーズ、イタリアンパセリのサラダ
・かぶ、ツナ、ラディッシュ、ケッパー、ディルのサラダ

ディルとイタリアンパセリ、2種類のハーブがあったので、それぞれに合いそうな食材でサラダを。アップルパイは朝ごはん用に焼いたもの。前日にりんごを煮るところまではやっておきます。

ディルと鮭のホットサラダと、ハムとルバーブジャムのパン

- ルバーブジャム、ハム、クリームチーズのパン
- かぼちゃのスープ
- 鮭、じゃがいも、赤たまねぎ、ミニアスパラガス、ディルのホットサラダ
- ヨーグルト　レーズンのはちみつ漬け添え

鮭のサラダのディルは、細かく切ってマヨネーズやレモン汁などと混ぜ、ドレッシングにしてサラダにかけても。ルバーブなどの酸味のあるジャムと、ハムのように塩気のあるものを合わせるのがお気に入り。

HERBS & NUTS

ディルとハム、ペコロスのパンと、長ねぎのポタージュ

・ハム、ペコロス、マヨマスタードソースのパン
・長ねぎのポタージュ
・ゆで卵、ミニトマト、ラディッシュ、赤たまねぎ、ベビースピナッチのサラダ
・梨

ペコロスとハムのオープンサンドを作ったものの、なんだかぼやけた印象に。ちょうど冷蔵庫にあったディルを散らしてみたら、風味が加わっただけでなく、彩りも良くなって、クリアな透明感を感じるパンになりました。

ナッツのはちみつ漬けとカマンベールのパンと、りんごとクレソンのサラダ

- ナッツのはちみつ漬け、レモンのはちみつ漬け、カマンベールチーズのパン
- コーンスープ
- りんごとクレソンのサラダ
- ゆで卵
- レーズン

ナッツのはちみつ漬けは、そのまま食べても、ヨーグルトなどと一緒に食べてもおいしい一品。この日はカマンベールチーズの塩気と合わせ、もうひとつ何かポイントになる味が欲しい気がしたので、レモンのはちみつ漬けもプラス。

HERBS & NUTS

アーモンドとカシューナッツと、あずきとバターのトースト

- あずきとバターのトースト
- じゃがいものポタージュ
- ミニトマト、赤たまねぎ、ベビースピナッチのサラダ
- ヨーグルト　ブルーベリーとはちみつ添え
- アーモンド、カシューナッツ

お皿に盛っていくと、時々中途半端に隙間があいてしまうことが。そんな時には、常備しているナッツをちょっと足すだけでバランスが取りやすくなります。トーストの色が落ち着いているので、スープとヨーグルトで明るさを。

アーモンドと、ポーチドエッグのイングリッシュマフィン

- ほうれん草、ベーコン、ポーチドエッグのイングリッシュマフィン
- たまねぎのポタージュ
- ミニトマト、赤たまねぎ、ベビーリーフのサラダ
- ヨーグルト　煮たいちご添え
- アーモンド

ポーチドエッグは、鍋にお湯を沸かし、塩と酢を加えた後、お箸などでぐるぐるかき混ぜて渦を作り、その真ん中にそっと卵を落とすと、白身が広がりにくく作りやすいです。パンにのせるほか、サラダにも。

Column 7
グラノーラ

娘が生まれてから、朝ごはんに食べる機会が増えたのが手軽なグラノーラ。ドライフルーツやナッツなどが入っているし、牛乳やヨーグルトをかけて食べるから、トースト1枚よりも栄養面でも良さそう。
グラノーラは買ったものを常備していますが、時々自分でも手作りします。オレンジピールを多めに入れて、ざくざくと大きめの塊があるようなグラノーラにするのが好み。他の焼き菓子などと違って、「こんな感じかな？」と、目分量でアレンジしても失敗しにくいことが、グラノーラ作りのまた楽しいところ。油をココナッツオイルに変えたり、ココアパウダーを加えてみたり、その時の気分で試してみます。

SPECIALS

毎日のことになると、どうしても同じものばかり作りがちですが、少し余裕のある時には、いつもはあまり作らないものにトライしたり、ケーキやスコーンなどの粉ものをゆっくり焼いてみたり。そんな時間がちょっとした息抜きになります。

SPECIALS

マシュマロとチョコレートのパンと、ほうれん草のポタージュ

- マシュマロとチョコレートのパン
- ほうれん草のポタージュ
- ゆで卵、赤たまねぎ、ブロッコリー、ミニトマトのサラダ
- カリフラワーのピクルス
- ヨーグルト　ドライいちご添え

チョコレートクリームを塗ってマシュマロをのせ、トースターで焼くだけで、甘いもの好きにはたまらない一品に。他の料理の色味を抑え気味にして、落ち着いた印象にまとめました。

ルバーブのタルトと、カリフラワーのサラダ

- ルバーブのタルト
- アスパラガスのポタージュ
- カリフラワー、ゆで卵、赤たまねぎ、ラディッシュ、ベーコン、ディルのサラダ
- アーモンド
- ドライプルーン

型を使わず、手で生地を成形して作ったお手軽タルト。電子レンジで簡単に作ったカスタードクリームに、砂糖をまぶしたルバーブをのせ、オーブンで焼きました。

SPECIALS

カレリア風パイと、りんごとさつまいものスープ

- カレリア風パイ
- りんごとさつまいものスープ
- ミニトマト、赤たまねぎ、ベビースピナッチのサラダ
- じゃがいも

ライ麦粉を使ったパイ皮でミルク粥を包んだカレリア風パイは、フィンランドの料理です。りんごとさつまいものスープは、ほっとする甘さの中に、りんごの酸味がほんのり。

仕事で書籍『フィンランドのおいしいキッチン』を作った時にレシピを知り、すぐにトライ。この上に、エッグバターをのせていただきます。優しく素朴な味。ミルク粥以外にも、じゃがいもなどでも作るようです。

SPECIALS

ガレットと、ミニトマトとベビースピナッチのサラダ

- ガレット
- ミニトマト、ベビースピナッチのサラダ
- じゃがいものソテー　ローズマリー風味
- ヨーグルト　桃ジャム添え

ガレットの生地を焼いて冷凍してあったので、手が込んでいるように見えて、あっという間に作れる朝ごはん。ハム、チーズのスタンダードなものだけでなく、果物やアイスクリームなど甘いものを添えても。

冷凍してあった生地は、フライパンで焼き直します。表面がぱりぱり、もちもちとした食感の生地に、とろりと溶けたチーズや卵の黄身がおいしい。

SPECIALS

ライ麦のスコーン クリームチーズと煮りんご添え

- ライ麦のスコーン　クリームチーズと煮りんご添え
- 長ねぎのポタージュ
- ミニトマト、赤たまねぎ、れんこん、ベビースピナッチのサラダ
- デビルドエッグ

スコーンは主人の大好物なので、時々焼きます。この日はあまっていたライ麦粉を使って。フードプロセッサーを使うと、あっという間に生地ができます。

【ライ麦のスコーン】

バター（食塩不使用）50gは1cm角に切って、冷蔵庫で冷やしておく。
オーブンは200℃に予熱しておく。フードプロセッサーに薄力粉100g、ライ麦粉50g、ベーキングパウダー小さじ1と1/2、砂糖20g、塩ひとつまみ、バターを入れ、さらさらになるまでかくはんする。
牛乳80mlを加え、ひとまとまりになるまでかくはんする。
打ち粉をした台にとり出し、めん棒などで1cmくらいの厚さにのばして折りたたむ、を二度繰り返し、1.5cmくらいの厚さにのばす。
型で抜くかナイフで切り、クッキングシートを広げた天板に間隔をあけて並べる。
オーブンに入れ、200℃で15分、焼き色がつくまで焼く。

SPECIALS

りんごのケーキと、コーンスープ

- ・りんごのケーキ
- ・コーンスープ
- ・ゆで卵、ミニトマト、ラディッシュ、ベビーリーフのサラダ
- ・じゃがいものソテー　ローズマリー風味
- ・ウインナー

りんご入りケーキというよりは、りんごをケーキ生地で固めた、というくらい、りんごをたっぷり使って。朝ごはん用に焼くケーキは、甘さ控えめにしています。

ルバーブのケーキと、ひよこ豆のポタージュ

- ルバーブのケーキ
- ひよこ豆のポタージュ
- ゆで卵、ラディッシュ、ベビーリーフのサラダ
- かぶ、生ハム、ディルのマリネ
- ドライトマト

ルバーブは切って冷凍しておけば、解凍して砂糖をまぶすだけでケーキに入れられて便利。時間があれば、クランブル生地を上にのせて焼くと、さらにおいしくいただけます。

Column 8
ケーク・サレ

ケーク・サレは、野菜にチーズ、ハムやベーコン、魚介など、色々な具材が入った甘くないケーキ。母もよく作っていました。冷蔵庫で中途半端に余っているものをどんどん入れて焼いて、食べ切れない分は切って冷凍しておけば、時間のない朝でも解凍して温め直すだけでおいしくいただけます。

パウンド型で焼く時には、切った断面の色合いから具材を考えてみても。ミニトマトの赤にブロッコリーの緑、コーンの黄色、とカラフルにしてもきれいだし、あえて赤だけ、緑だけ、と、同じ色の野菜を組み合わせてみるのも良さそうです。アスパラガス×ゆで卵、鮭×ほうれん草のように他の料理でもよく出てくる組み合わせだったら、間違いなし。

甘いケーキは自分の朝ごはんには時々登場しますが、ケーク・サレだったら、家族の朝ごはん用にも焼きたくなります。

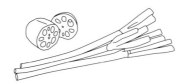

JAPANESE STYLE

子どもの頃からずっと朝ごはんはパンですが、時々急に和食にしたくなることも。おかずによっては、少し多めに作って、仕事に持っていくお弁当にも詰めていきます。

JAPANESE STYLE

蒸しなすと、ヨーグルト あずきときなこ添え

- おにぎり
- 蒸しなす
- しいたけのチーズ焼き
- ミニトマト、おくら、みょうがのサラダ
- ぶどう
- うめぼし
- ヨーグルト　あずきときなこ添え

蒸しなすは、皮をむいてさっと水にさらし、ラップでふんわり包んで、レンジで加熱するだけ。ごま油と塩でシンプルに。ヨーグルトにあずきは大好きな組み合わせ。和食の朝ごはんにもよく合います。

鮭のホイル焼きと、しいたけの味噌焼き

・おにぎり
・鮭、にんじん、しめじのホイル焼き
・しいたけの味噌焼き
・れんこんとブロッコリーのサラダ
・さつまいもとりんごのマッシュ
・うめぼし

和食の朝ごはんで食べたくなるのは鮭。シンプルな焼き鮭もおいしいですが、にんじんとしめじを加えて、この日はホイル焼きにしました。ごはんが進むしいたけの味噌焼きは、お弁当にも。

JAPANESE STYLE

れんこんの味噌ポタージュと、さつまいものオレンジ煮

- おにぎり
- れんこんの味噌ポタージュ
- 焼きねぎ
- なすの肉味噌
- にんじんとほうれん草のアーモンド和え
- さつまいものオレンジ煮
- 柿

いつも作るポタージュも、味噌を使って和風に。れんこんの形を生かし、スライスを酢水にさらしてから素揚げにして、スープにトッピングしました。鮮やかな色のさつまいものオレンジ煮は、落ち着いた色合いの和食の中で、良いアクセントになります。

コーンと生ハムのおにぎりと、アスパラガスのおひたし

- コーンと生ハムのおにぎり
- アスパラガスのおひたし
- にんじんの甘煮
- かぶ、金柑、ディルのサラダ
- 新たまねぎのレンジ蒸し
- アーモンド

丸を意識して作った和食のプレート。ひとつひとつはシンプルなものばかりですが、アスパラガスの盛りつけ方やディルの繊細さで、動きのある一皿に仕上がりました。

BREAKFAST with My Daughter
親子のプレート

娘の離乳食が始まる前は、「木製のお皿が良いかな。メラミン製のものも、かわいいデザインがたくさんあるし。」と食器選びを楽しみにしていましたが、娘は食べるのがゆっくりなので、途中でレンジで温め直せる食器が必要に。お皿をわざとひっくり返したり落としたり、頭にかぶろうとしたりする時期もあったので、結局シンプルな白いプラスチックのものを日常的に使っています。

1歳半になり、やっと食器を落としてしまうことも減ってきて、そして今度は大人のごはんを食べたがるようになってきたので、休日の余裕のある時には、同じお皿でお揃いのごはんを作ってみるようになりました。

凝ったことはできなくても、パンや野菜を型で抜いてあげるだけで「あっ!」と指を差して喜んでくれるから、花や星などのシンプルな形の抜き型は、最近はすぐ手の届くところにしまっています。

親子で同じものを食べられるようになってくるのは、子育ての中での大きな喜びのひとつ。楽しんでおいしく食べてもらえるよう、娘のごはんは試行錯誤の毎日です。

おやつにもときどき作るかぼちゃの牛乳かんは、前日の夜に作っておけば、朝は切るだけ。大人用には、メープルシロップをかけて。子ども用のきなことバナナのクリームは、よく熟したバナナをつぶして、きなこを混ぜたもの。バナナの甘さときなこの香ばしさで娘好みの味。

ロールパンを使ったフレンチトーストは、卵液が早くしみこみやすく、柔らかく仕上がります。大人用にはハムとチーズをはさんで。

子ども用のにんじんは柔らかくなるように長めにゆでているので、そのまま大人の分はポタージュに。味を整える前に、少し娘にも取り分けてみたら、野菜そのままの味が好きな彼女には好評。

バナナとオートミールのパンケーキ

ラタトゥイユ

ポテトクリーム
ラタトゥイユのせ

小たまねぎリングの
卵焼き

サラダ

ナッツ

バナナとオートミールのパンケーキ

細かく切った野菜で作ったラタトゥイユは、よく多めに作って子どものために冷凍してあります。そのまま食べるほか、ハンバーグにかけたり、スクランブルエッグに入れたりと、とても便利。大人用には少し濃いめに味を整えて、ポテトクリームに。

バナナとオートミールのパンケーキは、普通のふわふわのパンケーキに比べると固めですが、それが娘の好みのよう。甘さはバナナだけなので、大人の方にはメープルシロップをかけて。

Column 9
私のワンプレートの作り方

「作り方のコツは？」「どうやって写真は撮っているの？」とよく聞かれますが、いつも「特別なことは何もないよ。」と答えてしまいます。私の朝ごはんは日々の生活の中のほんの一コマで、撮影用のセットがあるわけでもなければ、特別な食材を買ってくるわけでもなく、ちゃんとした料理の知識もないので、作り方も自己流。なので、あえて言うとすれば、作る前に頭の中で出来上がりを想像しておく、パンやカップなど大きさが決まっているものから盛りつけて、サラダなどでバランスを取っていく、写真を撮る時には自然光で、くらいでしょうか。何度も何度も繰り返し作っていく中で、言葉では説明しにくいような自分なりの好みやルールが、自然と出来上がっていくのかもしれません。

朝ごはんの写真を撮る時には、必ず自然光で撮るようにしています。以前はiPhoneでも撮っていましたが、一眼レフカメラとiPhoneをWi-Fiでつなげるようになってからは、一眼レフがメインです。

Cooking, text & photographs : Kei Yamazaki

édition PAUMES
Art direction : Hisashi Tokuyoshi
Design : Kei Yamazaki, Megumi Mori
Editor : Coco Tashima
Editorial advisor : Fumie Shimoji
Sales manager : Rie Sakai
Sales manager in Japan : Tomoko Osada

Impression : Makoto Printing System
Distribution : Shufunotomosha

Kei Yamazaki 山崎 佳

1983年生まれ、長野県出身。多摩美術大学卒業後、ジュウ・ドゥ・ポゥムのデザイナーに。仕事の傍ら、2012年より画像投稿SNS「Instagram」にて、自身の朝ごはんを定点観測する写真を投稿し続け、世界中から多くのファンの注目を集める人気アカウントに。2016年7月現在そのフォロワー数は59万人を超える。一児の母。著書に『TODAY'S BREAKFAST』(主婦の友社)、ZINE『I MAKE BREAKFAST』(ジュウ・ドゥ・ポゥム)がある。
Instagram / @keiyamazaki

édition PAUMES ジュウ・ドゥ・ポゥム

フランスをはじめ、海外のアーティストたちの日本での活動をプロデュースするエージェント。そして世界中のアーティストたちの活動やライフスタイルなどを紹介した、多くの書籍を手がけている。近著に『パリに行きたくなる50の理由』など。また、アーティストの作品をセレクトしたショップ「ギャラリー・ドゥー・ディマンシュ」を表参道にて運営。
www.paumes.com
www.2dimanche.com

モーニング　テーブル
MORNING TABLE

2016年8月31日　初版第1刷発行

著者：山崎 佳

発行人：徳吉 久、下地 文恵
発行所：有限会社ジュウ・ドゥ・ポウム
　　　　〒150-0001 東京都渋谷区神宮前3-5-6
　　　　編集部 TEL / 03-5413-5541
　　　　www.paumes.com

発売元：株式会社 主婦の友社
　　　　〒101-8911 東京都千代田区神田駿河台2-9
　　　　販売部 TEL / 03-5280-7551

印刷製本：マコト印刷株式会社

© Kei Yamazaki 2016 Printed in Japan
ISBN 978-4-07-418030-1

Ⓡ <日本複製権センター委託出版物>
本書を無断で複写複製(電子化を含む)することは、著作権法上の例外を除き、禁じられ
ています。本書をコピーされる場合は、事前に公益社団法人日本複製権センター(JRRC)
の許諾を受けてください。
また本書を代行業者等の第三者に依頼してスキャンやデジタル化することは、たとえ個
人や家庭内での利用であっても、一切認められておりません。
日本複製権センター(JRRC)
http://www.jrrc.or.jp　eメール：jrrc_info@jrrc.or.jp　電話：03-3401-2382

＊乱丁本、落丁本はおとりかえします。お買い求めの書店か、
　主婦の友社 販売部 03-5280-7551 にご連絡ください。
＊記事内容に関する場合はジュウ・ドゥ・ポウム 03-5413-5541 まで。
＊主婦の友社発売の書籍・ムックのご注文はお近くの書店か、
　コールセンター 0120-916-892 まで。主婦の友社ホームページ
　http://www.shufunotomo.co.jp/ からもお申し込みになれます。

ジュウ・ドゥ・ポゥムの クリエーション・シリーズ
www.paumes.com

ジュウ・ドゥ・ポゥムの本づくりは、パリで出会ったアーティストたちの創意あふれる暮らしぶりを紹介したいという思いからはじまりました。「こんな本があったらいいな」という素直な気持ちを大切に、海外に暮らす仲間たちに手伝ってもらいながら、自分たち自身で、取材、撮影、編集、デザインを手がけています。
本シリーズから、家族や友人、親しい人たちみんなが集まる暮らしの中心「キッチン」を取り上げたインテリア・ブックをご紹介します。

ナチュラル、モダン、カラフルとスタイルいろいろ
北欧3か国の素敵なキッチン・インテリア

Nordic Kitchens
『北欧のキッチン・アルバム』
ISBNコード:978-4-07-288120-0
判型:A5変型(170×150mm)・本文128ページ・オールカラー
定価:本体1,800円+税

パリのアーティストたち12人のキッチンには
おいしいお料理のインスピレーションがいっぱい

Paris Yum-Yum Kitchens
『パリのおいしいキッチン』
ISBNコード:978-4-07-296302-9
判型:A5・本文96ページ・オールカラー
定価:本体1,650円+税

かわいい北欧デザイン&おいしい北欧料理レシピ
北欧フィンランドの魅力が詰まった13のキッチン

Finland Yum-Yum Kitchens
『フィンランドのおいしいキッチン』
ISBNコード:978-4-07-299476-4
判型:A5・本文112ページ・オールカラー
定価:本体1,650円+税

ご注文はお近くの書店、または主婦の友社コールセンター (0120-916-892)まで。
主婦の友社ホームページ (http://www.shufunotomo.co.jp/)からもお申し込みになれます。